Três vezes Machado de Assis

Ubiratan Machado

Três vezes
Machado de Assis

Direitos reservados e protegidos pela Lei 9.610 de 19.02.1998.
É proibida a reprodução total ou parcial sem autorização,
por escrito, da editora.

Dados Internacionais da Catalogação na Publicação (CIP)
(Câmara Brasileira do Livro, SP, Brasil)

Machado, Ubiratan
Três vezes Machado de Assis / Ubiratan Machado. –
Cotia, SP: Ateliê Editorial; São Paulo: Oficina do Livro Rubens
Borba de Moraes, 2007

ISBN 978-85-7480-345-6

1. Assis, Machado de, 1839-1908 – Crítica e interpretação
I. Título.

07-0661 CDD-869.98

Índices para catálogo sistemático:
1. Escritores brasileiros: Apreciação crítica:
Literatura brasileira 869.98

2007

ATELIÊ EDITORIAL
Estrada da Aldeia de Carapicuíba, 897
06709-300 – Granja Viana – Cotia – SP
Telefax (11) 4612-9666
www. atelie.com.br
atelieeditorial@terra.com.br

OFICINA DO LIVRO RUBENS BORBA DE MORAES
Caixa Postal 19022
São Paulo – SP – 04505-970
claudioliber@yahoo.com.br

Os ensaios aqui reunidos foram escritos e publicados em épocas diversas. Entre o mais antigo e o mais recente há diferença acima de vinte anos. O primeiro em data a ser publicado saiu no jornal *Boi de Mamão*, de Florianópolis, em 1980. *O Rio de Machado de Assis* figurou na série "Viagens Imaginárias", da revista *Manchete,* edição de 24 de junho de 1989. O mais recente, sobre a viagem de Machado a Minas Gerais, veio a público na *Revista do Livro*, de outubro de 2002. Foi o menos modificado: apenas alterações de pequenos detalhes. O ensaio sobre o Rio foi ampliado e modificado em alguns trechos. O estudo sobre Machado e Cruz e Sousa foi inteiramente reformulado, inclusive a sua tese central. Com isso, o autor presta uma homenagem antecipada ao centenário de morte de Machado de Assis. Pequena homenagem, mas palpitante de imensa admiração.

U.M.

Sumário

A viagem de Machado de Assis a
Minas e o *Quincas Borba*. 9

O Rio de Machado de Assis 25

Machado de Assis e Cruz e Souza . . 45

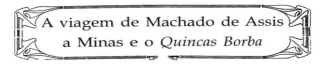

A viagem de Machado de Assis a Minas e o *Quincas Borba*

> *Não sei que hajam muitas coisas acima do prazer de viajar; viajar é multiplicar a vida.*
>
> MACHADO DE ASSIS

Quando foi a Minas Gerais, Machado de Assis estava publicando o *Quincas Borba,* a retalhos, na revista *A Estação,* desde 1886. Como se sabe, parte da ação desse romance transcorre em Barbacena, berço natal do ingênuo Pedro Rubião de Alvarenga, e onde um dia foi dar com os costados o ensandecido Joaquim Borba dos Santos.

Na parte publicada até a viagem de Machado, Barbacena era apenas uma referência geográfica, escolhida talvez ao acaso entre inúmeras outras cidades mineiras. Não havia nada que a distinguisse. Podia ser qualquer localidade, desde que situada em Minas, já que há na obra um evidente empenho de traçar a psicologia do homem das Gerais.

Desde a mocidade, sugestionado talvez por José de Alencar, que idealizou retratar os tipos de cada região do país, através de sua comédia humana brasileira, Machado se preocupava com a diversidade de caracteres regionais que compõem o caráter nacional brasileiro e sempre buscou entendê-los e interpretá-los. Entre todos, demonstrou especial simpatia por Minas Gerais e seus habitantes. No conto "Ernesto de Tal", escrito em 1873 e que figura nas *Histórias da Meia-noite*, sintetizou a psicologia do mineiro em duas linhas: "Era laborioso, benquisto, econômico, singelo e sincero, um verdadeiro filho de Minas".

A propósito de Rubião, no *Quincas Borba*, Machado observa que ele era "singelo como um bom mineiro, mas desconfiado como um paulista". Em outras palavras, um homem das Alterosas típico do século XIX, provinciano, pacato, ingênuo, sem perspicácia para entender as tramas de interesse que iriam envolvê-lo, acionadas pelo poder corruptor do dinheiro. Era um puro, no sentido de alheio às tramóias sociais e não como um ser de exceção, acima das paixões da condição humana, com alguma coisa do mineiro de anedota, que Martins Pena consagrou na personagem Tobias, da peça *Um Sertanejo na Corte*.

A figura de Rubião, porém, nada tem de anedótica, e muito menos o seu drama de homem do interior triturado pelas engrenagens da vida na Corte. Pois, o *Quincas Borba*, entre outras leituras possíveis, é o romance das ilusões perdidas de um provinciano na cidade grande, tema tão caro ao século XIX, que encontra uma abordagem abissal na obra balzaquiana. Claro que o nosso mestre-escola mineiro nada tem a ver com os Lucien de Rubempré, os Rastignac e outros personagens de Balzac, como também o Rio de Janeiro estava muito longe da complexidade social de Paris.

Os heróis do escritor francês queriam conquistar a cidade, para desfrutarem de poder, dinheiro e belas mulheres. Para eles, pareciam inexistir obstáculos e escrúpulos. Rubião, que enriquecera de forma inesperada, migrara para a Corte com todos os escrúpulos de sua educação tradicional, sua bondade e com os planos vagos e indecisos de um *nouveau riche* interiorano. Faltava-lhe a gula do poder, mas não a percepção de que este era também um dom da fortuna. Ele era antes de tudo um sedento de amizade e amor, a tal ponto que, na ânsia de encontrá-los, deixou minguar a sua desconfiança natural, ressaltada pelo romancista.

A carência de afeto evidencia-se desde a sua viagem para o Rio de Janeiro, quando conheceu o casal Palha, que tanta influência teria em seu destino. A cena passa-se em 1867. Escreve Machado: "Na estação de Vassouras, entraram no trem Sofia e o marido, Cristiano de Almeida e Palha. Este era um rapagão de trinta e dous anos; ela ia entre vinte e sete e vinte e oito. Vieram sentar-se nos dous bancos fronteiros ao do Rubião, acomodaram as cestinhas e embrulhos de lembranças que traziam de Vassouras, onde tinham ido passar uma semana; abotoaram o guarda-pó, trocaram algumas palavras, baixo".

O trecho dá a entender que Rubião vinha no trem desde Barbacena. O fato é confirmado no capítulo anterior, quando o romancista especifica que "Sofia e o marido entraram no trem da estrada de ferro, no mesmo carro em que ele (Rubião) descia de Minas". Machado cometia um anacronismo histórico, deslocando para 1867 uma viagem que só se tornaria possível treze anos depois. Naquela época, os trilhos da Estrada de Ferro Pedro II chegavam apenas a Entre Rios (atual Três Rios). O trecho até Juiz de Fora só foi entregue ao tráfego em 1875 e o prolongamento a Barbacena em 1880. O escritor não se deu conta do equívoco, nem mesmo ao reelaborar o romance, para a edição em livro, no ano seguinte à viagem a Minas.

Sou puro carioca.
MACHADO DE ASSIS

A excursão teve um evidente sabor de aventura na vida de um homem de 51 anos, sedentário, absorvido pela rotina de uma repartição federal, cuja viagem mais longínqua fora a Friburgo, com incursões a Petrópolis, Barra do Piraí e Vassouras.

Numa coincidência curiosa, esse carioca da gema, condição que tanto gostava de proclamar, ia ter a oportunidade de conhecer Barbacena, início e fim do drama de Rubião, cujo destino preside, como uma entidade mítica. Mas, a inclusão da cidade no roteiro de viagem só se justificou por ser um ponto de conexão entre dois locais que Machado e seus acompanhantes deviam conhecer.

Tudo começou quando Antônio Martins Marinhas e Ernesto Cibrão convidaram Machado para uma viagem a Minas, conhecer as instalações da Companhia Pastoril Mineira. Esses dois velhos amigos do escritor, portugueses de nascimento, eram diretores da empresa, que se propunha proteger os boiadeiros, combater o monopólio dos marchantes e, dessa forma, reduzir o preço da carne no mercado carioca.

Idealizada e presidida pelo então tenente Antônio Mendes Barreto, assim que recebeu a concessão para funcionar, a companhia adquiriu a fazenda Saudade, situada na estrada de Benfica, nas proximidades de Juiz de Fora, iniciando as suas atividades em abril de 1889. Nos dias 22 e 24 desse mês, a Pastoril Mineira inaugurava as feiras de gado de Três Corações e Benfica.

O negócio caminhou bem, apesar da oposição tenaz daqueles que se sentiam incomodados com a redução de seus lucros. Surgiram boatos de que a zona de Benfica era insalubre, com graves riscos à saúde dos boiadeiros que para lá se dirigiam. Mendes defendeu a sua empresa, através da imprensa juiz-de-forana, demonstrando a salubridade da região, e ressaltando a instalação no local de um serviço médico.

Foi, pois, para conhecer as duas fazendas da empresa, em Benfica e em Três Corações, que Marinhas e Cibrão organizaram o grupo de viajantes amigos. Machado e esposa, d. Carolina, viajaram em companhia do barão Rodrigo Smith de Vasconcelos, de suas filhas Francisca e Guiomar e de sua irmã Alice. Essa família, várias vezes milionária, morava na rua Cosme Velho, 22, quase ao lado da casa de Machado, residente no número 18. Eram vizinhos íntimos, dos bons tempos, com freqüência diária de um na casa do outro.

Graças a Francisca de Basto Cordeiro (*née* Smith de Vasconcelos), dispomos de um relato da excursão, insubstituível como testemunho, mas com alguns equívocos. Compreensíveis. Na ocasião da viagem, Francisca tinha quinze anos. Quando narrou os fatos, em artigo publicado no *Jornal do Commercio* de 21 de junho de 1929 já se haviam passado quase cinqüenta anos. Nada mais natural, pois, que se equivocasse em alguns pontos, além de não informar a data da excursão.

Existe ainda outra referência à viagem, ignorada pelos estudiosos machadianos que trataram do assunto. O trecho encontra-se no livrinho *Machado de Assis no Tempo e no Espaço* (1940), de Lindolfo Xavier, e foi escrito com base nos depoimentos do próprio Machado, de quem o autor foi colega de repartição. Xavier diz que a viagem se realizou em 1890, mas não especifica o mês.

Dessa forma, os machadianos tiveram de se contentar com cálculos aproximados para a data da viagem. Lúcia Miguel Pereira admitia um prazo largo, entre 15 de novembro de 1889 e setembro de 1890. R. Magalhães Júnior, em *Ao Redor de Machado de Assis* e em *Vida e Obra de Machado de Assis*, não se decide entre 1890 e 91.

Graças à descoberta de uma notícia publicada na imprensa mineira da época, pelo pesquisador Dormevilly Nóbrega, sabemos com precisão o dia da chegada do escritor em Minas e de sua visita a Juiz de Fora, que ninguém sabia, podendo-se reconstituir com segurança cronológica o seu roteiro no estado montanhês.

Para viajar basta existir.
FERNANDO PESSOA

Na noite de 17 de janeiro de 1890, uma terça-feira, na Estação D. Pedro II, Machado embarcou no noturno mineiro, chegando a Juiz de Fora na manhã do dia seguinte. Ali permaneceu algumas horas, seguindo à tarde para Benfica, por trem.

A narrativa de Francisca de Basto Cordeiro diz que os excursionistas seguiram direto para Barbacena, "cidade velha e feiíssima, enladeirada e com péssimo calçamento de pedras irregulares". Ou a sua memória falhou ou, o mais provável, Machado fez um roteiro diferente dos companheiros de viagem, inclusive Carolina. Deve ter ido um dia antes dos demais, em companhia de Marinhas. É o que sugere a notícia publicada no dia 19 em *O Pharol,* principal jornal de Juiz de

Fora, assinalando apenas a presença do escritor e do diretor da Pastoril Mineira na cidade:

> Vindo da capital federal, chegou ontem pelo expresso, à nossa cidade este aplaudido homem de letras, que aqui demorou-se apenas algumas horas, seguindo à tarde para Benfica em companhia do comerciante A. Martins Marinhas, um dos dignos diretores da Companhia Pastoril Mineira. Apresentamos ao distinto literato as nossas saudações.
>
> MACHADO DE ASSIS

A visita foi registrada também, de maneira um tanto pitoresca, na seção "Através da Semana", do mesmo jornal, assinada por Félix, o Infeliz:

"Julgar-me-ia réu de alto crime se não concluísse esta despretensiosa crônica, apresentando minhas respeitosas saudações ao laureado escritor Machado de Assis que atualmente honra esta cidade com sua visita em extremo apreciável, para quantos lhe conhecem os elevados dotes literários.

"Pois é que tão distinto quanto inofensivo brasileiro tenha sido inesperadamente envolvido, a seu pesar, nas graves ocorrências que ora agitam o império moscovita.

"Com efeito, segundo se afirmou ontem, o ilustre autor das *Falenas* não é de todo estranho aos sofrimentos do poderoso imperador da Rússia".

O colunista referia-se ao czar Alexandre III que, após escapar de um atentado terrorista, dera sinais de desequilíbrio emocional, demonstrando mania de perseguição e recusando alimentar-se. Só não conseguimos apurar o que o infeliz Félix quis dizer com a sua graçola sem graça.

Na noite de 18, Machado deve ter dormido nas instalações da empresa, em Benfica, encontrando-se com a mulher e demais companheiros de viagem no dia seguinte, em Barbacena. O encontro pode ter sido até no expresso, vindo do Rio, pois havia poucos horários. Na quinta-feira, dia 19, Marinhas retornou ao Rio, como informa a seção "Hóspedes e Viajantes", de *O Pharol*, deixando Machado com alguma pessoa de confiança, talvez um funcionário da empresa.

Em Barbacena, no dia 19, Machado e companheiros de viagem hospedaram-se em um hotel localizado na base de uma ladeira íngreme, em cujo tope se encontrava uma igreja, segundo o relato de Francisca. A igreja era a matriz de

Nossa Senhora da Piedade, construída no século XVIII, sem grande valor arquitetônico. Os "viajantes aéreos", como os barbacenenses chamavam aos que iam tomar ares na cidade, ficaram em um dos dois melhores hotéis da cidade, o das Quatro Nações ou o Martinelli.

"Depois do almoço – prossegue Francisca –, dirigimo-nos em caravana para a igreja, onde havia qualquer coisa de notável a ver, e que absolutamente não sei mais o que seria, porque lá não chegamos a entrar. Uma tremenda e inesperada trovoada, acompanhada de coriscos e relâmpagos fortíssimos, desabou sobre nós, obrigando-nos a descer precipitadamente a ladeira que apenas havíamos galgado".

Francisca diz que a tempestade deixou Machado "nervosíssimo", pois o escritor "tinha verdadeiro pavor às trovoadas, que lhe abalavam o sistema nervoso". E prossegue a sua narrativa:

"As trovoadas de Barbacena são famosas e o ribombo de seus trovões infunde respeito. Ao chegarmos ao hotel, d. Carolina e seu Machado recolheram-se aos aposentos e, nessa tarde, não vieram à mesa de jantar, pois as descargas elétricas continuavam, quase ininterrompidas, acompanhadas de estampidos apavorantes que a todos nós assustavam".

Não era apenas o escritor que temia as trovoadas. Carolina padecia do mesmo mal. Muitos anos antes, achando-se em Petrópolis, ela escreveu ao então noivo, queixando-se da intensidade das trovoadas tropicais. Machado buscou tranqüilizá-la, em carta datada de 2 de março de 1869, procurando demonstrar um sangue frio e uma coragem que não tinha: "Se estivesses cá não terias tanto medo dos trovões, tu que ainda não estás bem *brasileira*, mas que o hás de ser espero em Deus".

> Comam e bebam; nada de ce-
> rimônias. Minha casa é franca; eu
> também.
>
> PLAUTO

No dia seguinte, sexta-feira 20, o grupo seguiu para Sítio, atual Antônio Carlos, situada a catorze quilômetros de Barbacena, já em companhia do comendador Ernesto Cibrão e do tenente Antônio Mendes Barreto, chegados do Rio de Janeiro. A viagem foi realizada de trem, pela Estrada de Ferro D. Pedro II.

O grupo hospedou-se em uma fazenda, a primeira que conheciam, onde se cultivavam com rigor os hábitos patriarcais. O fazendeiro, "um tipo simples e afável de roceiro, ingênuo e obsequiador", desdobrava-se em gentilezas para atender aos hóspedes.

"No velho casarão, dum pavimento só, a peça principal era a sala de jantar, cuja mesa era mais extensa que a do hotel de Barbacena", lembra Francisca. Nenhuma mulher foi cumprimentar os visitantes ou apareceu durante a refeição. Os viajantes sentaram-se em bancos, diante da mesa sem toalha ou guardanapos, ao lado do fazendeiro e de alguns de seus empregados.

A memorialista conta que houve "uma profusão pantagruélica de assados, de farofas, de comidas da roça, bolos e doces, que não acabavam mais. Desde o leitão com rodelinhas de limão e guarnecido de azeitonas até broas e biscoitos de toda a espécie. Em vez de água, ou vinho, em cada lugar um copázio de meio litro de leite saborosíssimo que, não sei se devido à pureza do ar, que nos despertara o apetite foram esvaziados de uma só vez".

Não há exagero neste quadro. Anos depois, contando o episódio a Lindolfo Xavier, Machado admitiu nunca ter visto "tanta comilança e tanta fartura".

Os viajantes dormiram na fazenda, seguindo na manhã seguinte, a cavalo, para Três Corações. Não demoraram a voltar. Lindolfo Xavier, baseado no depoimento de Machado, diz que ele "recuou do meio da jornada, porque, nunca tendo andado a cavalo, nem conhecendo os sertões e as pirambeiras, *deu o prego*". A versão coincide com a de Francisca, que escreveu: "Machado de Assis detestou a viagem e mostrou-se tão enervado que retrocedemos daí, desistindo de prosseguir".

Os viajantes devem ter retornado pelo mesmo caminho, chegando a Barbacena, provavelmente no dia 23. Regressaram ao Rio de Janeiro, no dia seguinte, ou na quarta-feira, dia 25. A viagem durou, pois, cerca de uma semana e, descontado o desconforto de andar a cavalo, agradou a Machado. Lembrando-se da aventura, em carta de 14 de janeiro de 1894, endereçada a Magalhães de Azeredo, ele confessava: "Tenho saído algumas vezes; já fui, raro e de corrida, a essa própria Minas – o bastante para bendizê-la".

> *De tudo fica um pouco.*
> C. D. DE ANDRADE

Resta apenas indagar: a viagem se refletiu, de alguma forma, na obra do escritor ? A resposta é afirmativa. Depois de conhecer Barbacena, Machado deixou de apresentá-la como uma simples referência, como fizera até então. Baseado no conhecimento *in loco* do autor, ao reaparecer no final de *Quincas Borba*, a velha cidade mineira adquirira identidade e precisão topográfica.

A cena da tempestade, acima descrita por Francisca de Basto Cordeiro, foi recriada por Machado no romance, aproveitando na ficção todos os lances vividos pelo autor na realidade: a impossibilidade de entrar na igreja, as trovoadas, a tempestade, a ladeira íngreme.

No capítulo CXCV, assim que chegou a Barbacena, "Rubião começou a subir a rua que ora se chama de Tiradentes", indo "parar defronte da igreja. Ninguém lhe abriu a porta; não viu sombra de sacristão". Neste momento, volta-se e estendendo "os olhos abaixo e ao longe", reconhece a sua cidade: "Era ela, era Barbacena, a velha cidade natal ia-se-lhe desentranhando das profundas camadas da memória. Era ela; aqui estava a igreja, ali a cadeia, acolá a farmácia, donde vinham os medicamentos para o outro Quincas Borba". As reminiscências afluíam em bando.

"Súbito, relampejou: as nuvens amontoavam-se depressa. Relampejou mais forte, e estalou um trovão. Começou a chuviscar grosso, até que desabou a tempestade. Rubião, que nos primeiros pingos deixara a igreja, foi andando rua abaixo, seguido sempre do cão, faminto e fiel, ambos tontos, debaixo do aguaceiro, sem destino, sem esperanças de pouso ou de comida". A narração prossegue, patética, até a cena magistral do delírio e morte de Rubião, erguendo a coroa feita de nada e cingindo nada, para logo cair, vencido pelo esforço, na seriedade eterna da morte.

Como toda grande obra de arte, *Quincas Borba* propõe muitas perguntas sem resposta, sobre o mistério da vida. Ao leitor, resta ainda fazer uma derradeira pergunta, relativa à composição da obra: como Machado narraria o trágico final de vida de Rubião se não tivesse ido a Barbacena, subido a rua Tiradentes, em busca da velha igreja, e presenciado aquela assustadora tempestade? Esta também é uma pergunta sem resposta.

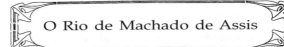

O Rio de Machado de Assis

Um bom ponto de partida para quem deseja viajar ao mundo de Machado de Assis é dar um passeio pelo Centro do Rio de Janeiro. Restam muitos prédios contemporâneos do escritor, trechos de rua com os mesmos aspectos vistos por seus personagens. O ideal é seguir ao sabor da fantasia, de preferência munido de referências dos romances, contos e crônicas machadianas.

Aquela casinha da Gamboa, "caiada de fresco, com quatro janelas de frente e duas de cada lado – todas as venezianas cor de tijolo –, trepadeira nos cantos, jardim na frente, mistério e solidão"*, pode ser a mesma que o defunto narrador das *Memórias Póstumas de Brás Cubas* alugou, lá por volta de 1840, para abrigar os seus amores clandestinos com Virgília.

---

* Todas as citações não identificadas no texto são de Machado de Assis.

O prédio do Gabinete Português de Leitura, inaugurado em 1887, em estilo manuelino, mantém rigorosamente o aspecto de quando era freqüentado pelo escritor. Na biblioteca da instituição, a pedido de Machado, foi efetuada a posse de Domício da Gama na Academia Brasileira de Letras, então ainda sem sede. Na rua do Ouvidor, sobram charme, sobrados e luminárias para quem tem olhos de ver e pernas para passear. A Confeitaria Colombo, inaugurada em 1894, preserva características, vitrines, espelhos e mesinhas de quando era freqüentada por Bilac, Machado, Emílio de Menezes.

Mas, cautela com o seu roteiro. Muitos logradouros por onde o escritor andou, e nos quais viveram, amaram e morreram os seus personagens, mudaram de nome. Ruas do Piolho, dos Ciganos, dos Pescadores, das Violas, da Lampadosa, das Belas Noites têm uma longínqua ressonância poética, mas nada dizem ao carioca de hoje. A geografia urbana também foi alterada. Desapareceram ruas, rasgaram-se avenidas, a cidade foi saneada.

A grande transformação se deu no início do século XX, quando o prefeito Pereira Passos – com um plano urbanístico na cabeça e pás e picaretas nas mãos dos operários –, remodelou a velha cidade portuguesa, dela surgindo uma *urbe* moderna, afrancesada, em estilo *art nouveau*.

"Venha ver o Rio em suas galas novas. Custar-lhe-á a reconhecê-lo. É uma metamorfose de surpreender, mesmo a quem, como eu, viu sair a borboleta", escreve Machado a Oliveira Lima, então no exterior. A mudança é tão radical que ele se sente um estranho em sua própria terra: "Mudaram-me a cidade, ou mudaram-me para outra. Vou deste mundo, mas já não vou da colônia em que nasci e envelheci, e sim de outra parte para onde me desterraram".

No entanto, muitos locais ainda conservavam-se quase como nos tempos de sua infância e mocidade. Um deles era o morro do Livramento, onde Joaquim Maria Machado de Assis nasceu a 21 de junho de 1839. Os seus pais, o mulato carioca Francisco José de Assis, pintor de parede de profissão, e a lavadeira Maria Leopoldina Machado, portuguesa dos Açores, viviam ali como agregados à chácara da família Barroso Pereira.

Naquela época, o Rio de Janeiro contava 138 mil habitantes, vivendo em ruas estreitas e sujas. A higiene era precaríssima. Como inexistiam esgotos, à noitinha os escravos saíam de casa, equilibrando na cabeça imensos barris, repletos de excrementos, para serem lançados ao mar. O povo batizou tais barris de tigres, por um motivo fácil de entender: por onde passavam, todos fugiam.

O centro financeiro ficava na rua Direita (atual Primeiro de Março), onde estavam localizados também os grandes armazéns atacadistas, a catedral metropolitana e as igrejas do Carmo e da Cruz dos Militares. Os estrangeiros que nos visitavam então ficavam impressionados com a vida intensa da rua, e mais ainda com a nota pitoresca dos carregadores negros, correndo de um lado para o outro. Em certas horas, viam-se pelas ruas apenas escravos; parecia um porto africano.

Quase inteiramente comprimida entre os morros do Castelo e de São Bento, a cidade espichava-se pelos bairros da Saúde, Santo Cristo, Gamboa, que ainda conservam muitos aspectos daquela época. Não será difícil, "passando o Cemitério dos Ingleses", descobrir uma casa como a do conto "Noite de Almirante", de janela com rótula, "o portal rachado do sol".

Foi nessa zona que o moleque Joaquim Maria começou a aprender o beabá da vida. Brincava no "Cemitério dos Ingleses, com os seus velhos sepulcros trepados pelo morro", seguia para a Saúde, com as suas "ruas esguias, outras em ladeira, casas apinhadas ao longe e no alto dos morros, becos, muita casa antiga, algumas do tempo do rei, comidas, gretadas, estripadas, o caio encardido e a vida lá dentro". Não parece uma descrição deste bairro feita hoje?

Freqüentou escola? Talvez. Alguns biógrafos consideram autobiográfico o "Conto da Escola", que se passa em 1840. "A escola era na rua do Costa, um sobradinho de grade de pau". Sem vontade de estudar naquele dia, o garoto hesita entre brincar no Morro de São Diogo ou no Campo de Santana, então "um espaço rústico, mais ou menos infinito, alastrado de lavadeiras, capim e burros soltos".

A década de 50, um dos períodos mais duros da vida de Machado, no qual iniciou o caminho para a sua ascensão social, foi uma fase de notável desenvolvimento para a cidade. A Corte já possuía o maior porto da América do Sul. O mangue que se espalhava pelos terrenos da atual Cidade Nova foi aterrado, permitindo intensificar a ocupação do local e dos bairros de Santa Teresa e Catumbi, para onde acorria a classe média e, mais além, a Tijuca, ainda uma área rural longínqua, retratada por José de Alencar no romance *Sonhos d'Ouro*. Foi o local escolhido por Bentinho e Capitu para passarem a lua-de-mel.

As famílias aristocráticas e de recursos dirigiam-se cada vez mais para a Zona Sul: Botafogo, Catete, Glória, fixando residência nas chácaras, até então utilizadas em fins de semana. Eram locais agradáveis, como a chácara de D. Camila, do conto "Uma Senhora", "verde e sonora de cigarras e passarinhos", e a de Luís Alves, em *A Mão e a Luva*, no final da praia de Botafogo, "plantada com esmero e arte, assaz vasta, recortada por muitas ruas curvas e duas grandes ruas retas".

Várias dessas chácaras pertenciam a fazendeiros de café, que nelas construíram autênticas mansões, como a do Barão de Nova Friburgo, atual Palácio do Catete. Não se exagera afirmando que o jovem Machado, com seu intenso desejo de ascensão social, vivesse de olhos voltados para esses bairros.

Não seria preciso Freud para explicar o fato de ter situado na década de 50, no elegantíssimo bairro de Botafogo, a ação do romance *A Mão e a Luva*, no qual estudiosos identificam, nos arrancos de ascensão social da personagem Guiomar, uma projeção dos impulsos de seu criador.

Por essa época, a realidade do jovem Machado de Assis era bem diferente. Até 1854, morou na rua Nova do Livramento. Naquele ano,

Francisco José, já viúvo, casa-se com a mulata Maria Inês. Machado acompanha o casal, indo residir na rua São Luís Gonzaga, em São Cristóvão. No ano seguinte, começa a trabalhar, talvez como caixeiro.

Na época, o transporte entre São Cristóvão e o Centro era feito por barcas, que saíam cedo e retornavam à tarde. Os passageiros eram sempre os mesmos, daí nascendo uma natural camaradagem. Durante a viagem, todos conversavam, com exceção de Machado, que fazia o percurso mergulhado na leitura. Como o dinheiro era curto e os livros caros, utilizava o serviço de empréstimo do Gabinete Português de Leitura, então situado na rua dos Beneditinos, o que lhe permitiu adquirir uma parte fundamental de sua cultura.

Em 1856, ingressa como aprendiz de tipógrafo na Imprensa Nacional, cujo diretor era o romancista Manuel Antônio de Almeida, o autor das *Memórias de um Sargento de Milícias*. Ali ficou dois anos. Recebia um cruzado por dia, moeda imperial, que valia bem mais do que o nosso real, mas que não deixava de ser uma miséria. O salário mal dava para comer. Mas a alma voava longe.

Desde o ano anterior, tornara-se freqüentador assíduo da sociedade Petalógica, que funcionava na livraria de Paula Brito, no Rocio (praça Tiradentes). O nome da sociedade vem de peta – mentira, patranha – e era uma espécie de central de novidades. "Queríeis saber do último acontecimento parlamentar? Era ir à Petalógica. Da nova ópera italiana? Do novo livro publicado? Do último baile de E.? Da última peça de Macedo ou Alencar? Do estado da praça? Dos boatos de qualquer espécie? Não se precisava ir mais longe: era ir à Petalógica". Graças ao amigo, editor da *Marmota Fluminense*, torna-se colaborador do jornalzinho. Tinha dezesseis anos e um coração repleto de sonhos.

Em 1859, por indicação de Francisco Otaviano, um dos grandes jornalistas da época, Machado começa a trabalhar como revisor do *Correio Mercantil*. O rapaz tem pressa, e o ano seguinte vai se tornar inesquecível: a convite de Quintino Bocaiúva ingressa na redação do *Diário do Rio de Janeiro*, subindo um importante degrau na escala social.

Torna-se jornalista, com a incumbência de cobrir o Senado do Império, localizado na praça da Aclamação (praça da República), esquina com a rua do Areal (Moncorvo Filho), época que recordou em uma de suas obras-primas, a crônica de reminiscências "O Velho Senado". O prédio, com modificações, é o mesmo onde funciona a Faculdade de Direito da UFRJ.

Cobrindo as sessões do Senado, logo se torna amigo de Bernardo Guimarães, o futuro autor de *A Escrava Isaura*, e do poeta Pedro Luís, que exerciam a mesma função para outros jornais. Muitas vezes, juntos, iam jantar em um restaurante da rua dos Latoeiros (Gonçalves Dias). Neste percurso, cortavam o miolo da cidade, passando pelo Rocio, onde estavam os principais teatros, o largo de São Francisco, desembocando na rua do Ouvidor.

Muitos dos prédios para os quais o jovem Machado olhava, e freqüentava, continuam de pé, desafiando o tempo. Na esquina da praça da Constituição (atual Tiradentes) com rua do Conde (Visconde do Rio Branco), funcionava o Clube Fluminense, onde ele costumava tomar chá, dançar, jogar xadrez, recitar. Uma de suas primeiras peças teatrais, *Os Deuses de Casaca*, foi ali representada, em 1865. O prédio, o chamado palacete Rio Seco, construído no século XVIII, ainda conserva a sua fachada colonial. Do outro lado da praça, permanece de pé um pequeno sobrado, quase esquina com a rua da Carioca, o prédio mais antigo da praça, diante de cuja fachada Tiradentes passou, a caminho da forca.

Um pouco para trás, ficara a rua do Senado, onde mais tarde, numa casa assobradada – como tantas que ali ainda existem – o escritor iria fixar a ação de uma de suas obras-primas, o conto "Missa do Galo".

Deste ponto, seguindo rumo ao sul, chegava-se ao cenário onde Bentinho e Capitu viveram o romance de amor narrado em *Dom Casmurro*: "Cheguei aos Arcos, entrei na rua de Matacavalos (Riachuelo). A casa não era logo ali, mas muito além da dos Inválidos, perto da do Senado".

Antes do jantar, sempre havia tempo para dar uma chegada à rua do Ouvidor. "Ali se fazem planos políticos e candidaturas eleitorais; ali correm as notícias; ali se discutem as grandes e as pequenas causas; o artigo de fundo dá braço à mofina e o anúncio vive em santa paz com o folhetim". Nessa grande passarela, "espécie de loja única, variada, estreita e comprida", "gazeta viva" da cidade, os homens iam conversar e paquerar, as mulheres fazer compras e se exibir. Com seu comércio requintado, casas de chá, lojas de moda, joalherias, era "a via dolorosa dos maridos pobres", que procuravam chegar logo ao largo de São Francisco.

Ali, a confusão não era menor. Muita gente entrando e saindo da igreja de São Francisco de Paula ou da Escola Politécnica (atual Instituto de Filosofia da UFRJ), esbarrando nos cocheiros, tropeçando nos carros e cavalos que ocupavam todo o largo, uma espécie de "salão de baile dos tílburis, que atrapalham a quem passa".

À noite, os saraus literários eram um dos grandes prazeres dos jovens escritores que despontavam no início da década de 1860. Machado gostava de ouvir música e, apesar de um tanto tímido, de recitar as suas poesias. E de ver as suas peças encenadas. Como autor ou espectador, o teatro era paixão absorvente, que se estendia às atrizes e cantoras líricas, às vezes em arrebatamentos vulcânicos.

Quando Augusta Candiani cantou a *Norma*, de Bellini, o entusiasmo dos rapazes foi tanto que substituíram os cavalos de seu carro. Machado foi um desses "cavalos temporários", como lembrou mais tarde: "Tinha eu vinte anos, um bigode em flor, muito sangue nas veias e um entusiasmo, um entusiasmo capaz de puxar todos os carros, desde o carro do estado até o carro do sol".

Mas, como em tudo os gostos variam, era comum os rapazes dividirem-se em grupos, cada um deles torcendo pela sua atriz ou cantora lírica predileta. Era farra pura, na qual os contendores utilizavam flores, versos e até estalos. Às vezes o entusiasmo degenerava em pancadaria: "Uma noite, a ação travou-se entre o campo chartonista e o campo lagruísta (da cantora La Grua), com tal violência, que parecia uma página da *Ilíada*. Desta vez, a Vênus da situação saiu ferida do combate: um estalo rebentara no rosto da Charton".

Terminado o espetáculo, permanecia à porta do teatro para, como o Estevão de *A Mão e a Luva*, "assistir à saída das senhoras, uma procissão de rendas, e sedas, e leques, e véus, e diamantes, e olhos de todas cores e linguagens". Depois, era hábito tomar chá com os amigos. Podia até esticar a noitada no Alcazar Lyrique, uma casa de espetáculos brejeiros, que escandalizava a cidade. Ficava na rua da Vala (Uruguaiana) e, segundo os moralistas, datava de sua inauguração a decadência moral do Rio de Janeiro.

A grande estrela do Alcazar, Mlle. Aimée, arruinou várias fortunas. Machado não tinha fortuna, mas tinha olhos de se encantar, e deixou-se fascinar por aquele "demoninho louro, uma figura leve, esbelta, graciosa – uma cabeça meio feminina, meio angélica –, uns olhos vivos, um nariz como o de Safo, uma boca amorosamente fresca, que parece ter sido formada por duas canções de Ovídio".

Compreende-se perfeitamente por que, quando Mlle. Aimée regressou à França, dizem que com um milhão e meio de francos, as senhoras cariocas tenham promovido um foguetório de alívio em Botafogo, enquanto o navio levava para longe, para muito longe delas, o diabinho louro.

Machado divertia-se, mas trabalhava muito. Folhetinista de sucesso, estreara em livro em 1861, com *Queda que as Mulheres Têm para os Tolos*, tradução de um original francês de Victor Hénaux, a que se seguiram diversas peças teatrais, aplaudidas pelos amigos. O aplauso da crítica veio com o volume de poemas *Crisálidas* (1864), em que canta o seu desventurado amor por uma misteriosa Corina.

Quem seria? R. Magalhães Júnior identificou-a como sendo a atriz portuguesa Gabriela da Cunha, quase vinte anos mais velha do que Machado e que interpretou alguns papéis em suas peças. Pode ser...

O ano era de triunfo para o poeta e de tragédia para o país. A eclosão da Guerra do Paraguai revolta Machado contra Solano López e, com os brios patrióticos arranhados, ameaça: "Treme, / Treme, opressor, da cólera do Império". Voltaria ao assunto diversas vezes. O imperador, reconhecido, agraciou-o, três anos depois, com a Ordem da Rosa, no grau de cavaleiro.

A guerra prosseguia, o país afundava em uma crise econômica sem precedentes. Mas a desventura pública não impede ninguém de buscar a ventura particular. Em 1869, casa-se com a portuguesa Carolina Augusta de Novaes, irmã de seu amigo Faustino Xavier de Novaes, poeta satírico que terminaria com o juízo transtornado. Casar e mudar é uma seqüência natural. O casal muda de vida e de residência, fixando-se a princípio na rua dos Andradas.

A maturidade de quem dobrou o cabo dos trinta anos e o casamento iriam alterar o roteiro do escritor, ao mesmo tempo que parece ter aguçado a sua relação de afeto com a cidade. Antes, dedicava-se mais à poesia e ao teatro. Agora, dirige a sua bússola para a prosa de ficção e a crônica, nas quais o Rio de Janeiro se exibe quase como moça faceira, as suas ruas nomeadas uma a uma, o escritor se deliciando em reconstituir, através de seu texto, as caminhadas de seus personagens.

Esse era o bom caminho, como provou o futuro. No ano do casamento, reúne algumas histórias curtas, publicadas em revistas da Corte no volume *Contos Fluminenses*. Poderia ser "contos cariocas". Este gentílico há muito era aplicado aos nascidos na cidade, mas parece que o termo fluminense era mais elegante ou consagrado. Três anos depois publica o seu primeiro romance, *Ressurreição*. Mas a vida de jornalista é dura e rende pouco.

As finanças só começam a desafogar com o ingresso no serviço público, como oficial da Secretaria de Agricultura. Com a melhoria, o casal muda-se para a rua da Lapa e, em seguida, para a rua das Laranjeiras e do Catete. A vida corre plácida e simples. Sente-se integrado à sociedade imperial e à região. Demonstra simpatia pelas Laranjeiras, onde anos antes localizara a casa de Félix (*Ressurreição*), ao lado de uma chácara onde chilreavam "algumas aves afeitas à vida semi-urbana, semi-silvestre" do bairro. Mas implicava com a igreja da Glória, "templo grego, imitado da Madalena, com uma torre no meio, imitada de cousa nenhuma". Os amigos são muitos. A vida no Rio de Janeiro é cada vez mais agradável.

Carioca autêntico, apaixonado pela sua terra, não se cansa de louvá-la. Aquela frase de Palha, no *Quincas Borba*, bem podia ser empregada pelo escritor em conversa com alguém que desconhecesse o Rio: "A nossa Corte, não digo que possa competir com Paris ou Londres, mas é bonita, verá..."

No final de 1878, a doença vem perturbar essa tranqüilidade. Os nervos estão abalados, os ataques epiléticos intensificam-se. Só resta uma solução: licencia-se e passa uma temporada em Friburgo. O sofrimento, uma espécie de gota da baba de Caim, desperta-lhe a revolta e acentua-lhe o natural pessimismo, acirrado pela leitura de Schopenhauer, mas parece ter sido decisivo em seu amadurecimento. Artisticamente, dá um salto imenso, de *Iaiá Garcia* para as *Memórias Póstumas de Brás Cubas*, um livro amargo, escrito com a pena da galhofa e a tinta da melancolia.

Pirandello dizia que era humorista porque percebia, ao mesmo tempo, o lado cômico e o lado trágico da vida. Com as *Memórias*, Machado passa a perceber esses aspectos com a lucidez incômoda de um bruxo. E um humor muito mais ácido do que o do italiano, preservando a identidade com a cidade.

A partir daí, torna-se o mestre incontestado da literatura brasileira, com uma série de volumes de contos e de romances que figuram nas cordilheiras da literatura mundial, como hoje reconhecem críticos dos Estados Unidos, Inglaterra, França, Itália, Alemanha, União Soviética e outros países que tiveram o bom-senso e o bom-gosto de traduzir as suas obras.

Superada a doença, a vida volta à rotina. A ascensão profissional continua, sempre por mérito. Funcionário exemplar, nunca falta ao serviço, esquiva-se de favorecer conhecidos, examina com minúcia e isenção os processos que lhe passam pela mão. A respeito, Artur Azevedo contou um caso, excelente exemplo para os nossos dias de desrespeito pela coisa pública e de mordomias, aliadas à impolidez de maneiras.

Machado era diretor de contabilidade do Ministério da Viação quando um sujeito entra em seu gabinete, e pede que seu requerimento seja despachado naquele dia. O romancista responde que isso só seria possível no dia seguinte, após "examiná-lo com toda a atenção". Sem perder a graça, o sujeito arrisca novo pedido: sua filha mandara pedir versos para o seu álbum.

Machado observa que o lugar é impróprio e tem muito serviço a fazer. Neste momento, entra o contínuo com o café. Machado oferece. O intruso responde que não toma café: "É um veneno, e peço-lhe que faça como eu: não o tome também". O escritor devolve a xícara à bandeja e conclui: "Pois não! É o terceiro pedido que me faz o senhor desde que aqui está. A este ao menos posso satisfazer: hoje não tomo café".

Em 1884, muda-se para a rua Cosme Velho, onde moraria durante quase 25 anos. A rotina repete-se durante anos. Acorda cedo, almoça lá pelas nove horas, salta do bonde no largo da Carioca, atravessa a rua São José, quase sempre parando alguns minutos nas livrarias, sobretudo a Quaresma, até se dirigir ao Ministério da Viação, na Praça XV. O expediente vai das 10 às 16 horas. Encerrado o dia de trabalho, encaminha-se para a livraria Garnier, na rua do Ouvidor, ponto de encontro de intelectuais.

A rua continua com todos os seus fascínios, excelente local para se observar a infindável comédia humana carioca, que ele retrata em suas obras. Olha os livros. Senta-se em sua poltrona cativa, no fundo da loja, conversa com os amigos. A partir de 1897, há uma nova atração em sua vida: a Academia Brasileira de Letras, de que é eleito presidente.

À noite, visita ao seu vizinho, barão Smith de Vasconcelos. Conversam. Brincam. Jogam xadrez, paixão que vem da mocidade. Ouvem música. Às 10 horas, é servido o chá com torradas. Uma hora depois, Machado lembra que é momento de partir, repetindo dois versos de Heredia:

Onze heures sonnaient à l'horloge de bronze:
Un, deux, trois, quatre, cinq, six, sept, huit,
[neuf, dix, onze...

Essa suave rotina prolonga-se até 1904, quando perde a companheira de 35 anos de vida. Machado também começa a morrer. Sente-se velho, adoentado, solitário. Mas não se entrega. "Lamparina da madrugada", prestes a se extinguir, redige o *Memorial de Aires*, que Olavo Bilac chama de "flor de saudades e amargura" e, em certo sentido, é a sua última declaração de amor à cidade natal. Depois de mais de trinta e tantos anos vivendo no exterior, o diplomata Aires retorna "à minha terra, ao meu Catete, à minha língua", desconfiado de que não se habituaria de novo. Enganava-se. Carioca da gema, como seu criador, integra-se à cidade, sem "saudades por nada". Com algumas saudades no coração, mas reconciliado com o mundo e a humanidade, Machado morre a 29 de setembro de 1908, em sua casa do Cosme Velho. Pouco antes de fechar os olhos reconhece: "A vida é boa".

Machado de Assis e Cruz e Souza

Ao longo de sua atividade de escritor, Machado de Assis sofreu diversas agressões, nem sempre leves. Ainda na mocidade, foi provocado por um tal Carlos (pseudônimo de Antônio Arnaldo Nogueira Molarinho) no jornal *Archivo Literário*, em 1863, sendo chamado de "improvisado escritor" e "poeta sem estro". Numa atitude que iria adotar para o resto da vida, preferiu ignorar a agressão, talvez por tédio à controvérsia ou, mais provavelmente, por repulsa à troca de insultos.

A única vez em que respondeu a uma provocação foi quando puseram em dúvida a sua honestidade de autor. Acusado de plagiário, replicou de forma incisiva, mas com elegância. Outros ataques vieram, leves e virulentos, comuns na vida literária do século XIX. O interessante, no caso de Machado, é que tais ataques aumentaram de intensidade (e de agressividade) à medida que o escritor recolhia o reconhecimento quase unânime de seus pares. Era como um contrapeso àquela glória que "fica, honra, eleva e dignifica", mas também irrita tanta gente.

Os ataques mais grosseiros que sofreu foram desferidos na maturidade. A crônica de Luís Murat contando as possíveis implicâncias de José do Patrocínio contra Machado, é fria e traiçoeira como uma punhalada de surpresa. Segundo o cronista, o Tigre da Abolição referia-se a Machado em termos crus e, com alguma freqüência, comentava que o escritor sob sua mansidão, escondia "uma hiena encarcerada e amordaçada".

O depoimento contradiz os fatos, que revelam um relacionamento cordial entre os dois escritores. Patrocínio seria um leviano, insultando por trás àquele que elogiava pela frente ? Ou tudo não teria passado de mais uma intriga de Luís Murat? É possível. No final da vida, o poeta das *Ondas* tornou-se uma espécie de envenenador da reputação alheia. Cabe-lhe a triste façanha de atribuir determinado comportamento a Raul Pompéia, acusação que, exacerbando a neurastenia do autor de *O Ateneu*, levou-o ao suicídio.

Mais grosseiros, formulados de forma meio alucinada, foram os ataques de Sílvio Romero, sob os quais palpita um desejo de espezinhar, de ferir, de deixar marcas, como examinamos adiante, e as bordoadas desferidas por Múcio Teixeira, em dois artigos publicados no início do século XX.

Não se pode esquecer, logo após a morte de Machado, a investida irada do professor Hemetério José dos Santos, acusando-o de atitude desumana em relação a sua madrasta e de indiferença pelo destino de sua raça.

No entanto, nenhum destes ataques foi tão insólito e inesperado quanto o triolé atribuído a Cruz e Sousa.

Carlos D. Fernandes, que recolheu os versos do poeta negro no romance *Fretana*, publicado em 1936, não esclarece a data em que foram escritos e nem as razões que o geraram. Sabemos apenas que o poema foi escrito após 1891, ano de publicação do *Quincas Borba*, a que os versos se referem. O mais intrigante é que durante cerca de trinta e cinco anos ninguém ouvira falar do tal triolé. A partir de sua publicação, porém, passou a ser utilizado como uma espécie de peça de acusação num processo bastante arbitrário, alimentado apenas por provas subjetivas, acusando Machado de elitista e de se colocar acima de sua raça, os mesmos argumentos invocados pelo professor Hemetério. Com o tempo, o tal "processo" tomou corpo e passou a ser adotado por muita gente, sem maior exame.

As acusações, porém, já eram formuladas em vida de Machado, em cochichos maldosos. O difícil é saber se Cruz e Sousa deles participava e, sobretudo, se nutria qualquer ressentimento contra Machado. A tradição nada guardou. Os depoimentos da época são omissos.

No entanto, é possível que tenha havido um melindre recalcado do poeta negro contra o mulato Machado. Como vários outros, enxergaria o poeta catarinense em Machado um trânsfuga de sua raça, um mestiço que tudo fazia para ocultar os traços de sua ascendência negra?

É possível e até razoável, a julgar pela frase, entre irônica e condescendente, com que Nestor Vítor traduzia sua admiração pelo autor de *Dom Casmurro*: "Nada tolo o pardavasco da Capitu", dizia.

Nestor Vítor, como se sabe, foi o grande amigo de Cruz e Sousa, e em sua frase – principalmente na alusão depreciativa à cor de Machado – pode-se descobrir o eco de uma opinião coletiva dos simbolistas, traduzindo o possível ressentimento de Cruz e Sousa contra Machado, centrado no aspecto racial. Acrescente-se ainda o despeito dos jovens cavaleiros do símbolo contra os parnasianos e os escritores consagrados, sobretudo Machado e Bilac, pelos quais tinham especial implicância.

Quando o movimento simbolista começou a se desenvolver, na década de 1890, a livraria Garnier era um importante centro de convivência literária no Rio de Janeiro. Todas as tardes, com seu fraque, sua cartola e sua polidez, Machado ia à loja da rua do Ouvidor, conversar com os amigos. O local era uma espécie de refúgio da velha guarda. Vez por outra, porém, altivos e arredios, buquinando entre as imensas prateleiras, surgiam os simbolistas, com seus trajes extravagantes, polainas, gravatas de cores gritantes, capas espanholas e chapéus desabados sobre a testa. A intenção evidente era de estarrecer e provocar, através de pequenas escaramuças, nem sempre espirituosas, aqueles escritores que consideravam figurões.

Às vezes, faziam uma brincadeira menos respeitosa. Como na ocasião do lançamento de uma obra de Machado, provavelmente *Quincas Borba*. Ao entrar na livraria, o autor encontrou sobre a sua poltrona preferida um exemplar do livro com a dedicatória provocante: "Mais um maçudo do maçudo Machado". Mas tudo ficaria aí.

Machado não era homem de intrigas e futricas. Não levaria a sério essas brincadeiras, tão típicas da mocidade. Por outro lado, é provável que ele mal conhecesse a Cruz e Sousa. Hostilizado por alguns literatos, o poeta catarinense perdera até a coragem de passear pela rua do Ouvidor, quanto mais de entrar na Garnier. Assim, ao que se saiba, nunca houve qualquer atrito entre Machado e Cruz e Sousa, que talvez não tenham sequer trocado um aperto de mão. Nada que motivasse o Cisne Negro a escrever estes versos:

Machado de Assaz, assaz,
Machado de Assis, Assis;
Oh! zebra escrita com giz,
Pega na pena e faz – zaz,
Sai-lhe o Borba por um triz.
Plagiário de Gil Braz
Que de Le Sage nos diz.
Pavio que arde sem gás,
Carranca de chafariz,
Machado de Assaz, assaz,
Machado de Assis, Assis.

Como explicar essa agressão impiedosa, partindo de um homem que jamais respondia às ofensas ou até mesmo às humilhações? Se o poema foi escrito por Cruz e Sousa, deve ser encarado como manifestação poética daqueles cochichos maliciosos, a que nos referimos, mas também como um episódio marginal nos ataques de Sílvio Romero a Machado. Voltemos alguns anos atrás e vejamos como tudo começou. Em 1870, quando Machado lançou as *Falenas*, o escritor sergipano publicou um duro artigo em *A Crença*, do Recife, onde se referia quase com desprezo ao "lirismo subjetivista" e ao "humorismo pretensioso das *Falenas*". Não se conhece o texto integral, pois ainda não se localizou nenhum exemplar do jornal na data de publicação do artigo.

A resposta tardou, mas veio, com os devidos juros. Em 1879, em seu artigo "A Nova Geração", publicado na *Revista Brasileira*, Machado de Assis analisando os *Cantos do Fim do Século*, de Sílvio Romero, negava ao sergipano o dom poético. Em tom polido e sereno, e por isso mesmo mais impiedoso, o crítico acrescentava que a forma do poeta era tão reversa e obscura, que "dá a impressão de um estrangeiro que apenas balbucia a língua nacional".

Temperamento inflamável, generoso e impulsivo, Sílvio nunca perdoava as censuras ou as restrições, se bem que fosse mestre em fazê-las de forma grosseira e impiedosa. A partir daí, Machado era uma figura marcada. A desforra viria, dependendo apenas da oportunidade. Três anos depois, Sílvio desferia um violentíssimo ataque a seu crítico, publicado no raríssimo folheto *O Naturalismo em Literatura*.

Entre outras coisas, Machado é chamado de "um burilador de frases banais, um homenzinho sem crenças", e o "mais pernicioso enganador que vai pervertendo a mocidade". O autor de *Iaiá Garcia* seria apenas um "homem dúbio", "capacho de todo os ministérios", "rábula de todas as idéias", "conselheiro da comodidade literária". As *Memórias Póstumas de Brás Cubas*, recém-publicadas, não passariam de um "bolorento pastel literário".

Machado não replicou, o que poderia frustrar o ardor polêmico de uma pessoa menos combativa. Sílvio Romero, porém, não desistia. Recolheu mais munição, voltando à carga em ataques esparsos, culminando no livro *Machado de Assis*, publicado em 1897.

Bem diverso foi o tratamento dispensado pelo crítico sergipano a Cruz e Sousa. Romero nunca lhe regateou aplausos. Seus elogios arrebatados ao Cisne Negro poderiam ser resumidos na opinião famosa, escrita para o *Livro do Centenário*:

"...nele, acha-se o ponto culminante da lírica brasileira após quatrocentos anos de existência".

Ora, com exceção dos membros de sua igrejinha, os simbolistas raras vezes eram elogiados. A incompreensão era quase hostil. Assim, é possível que, diante de louvores tão rasgados, o poeta catarinense – mesmo reconhecendo seu próprio valor – ficasse grato, tomando carona em um dos inúmeros ataques de Romero contra Machado. Assim, o triolé retribuiria, de certa forma, os elogios do crítico ao mesmo tempo que dava vazão ao seu ressentimento, longo tempo recalcado. Seria uma espécie de solidariedade na sordidez, atitude muito estranha à grandeza espiritual de Cruz e Sousa.

A tudo isso, deve-se acrescentar a pobreza poética do poema, indigno do gênio de Cruz e Sousa. A conclusão é óbvia. Como a maior parte dos memorialistas, Carlos D. Fernandes deve ter inventado histórias e triolés – ou pelo menos um triolé –, na tentativa de tornar mais interessante a memória do Cisne Negro. Aos mais argutos só convence de uma coisa: da absoluta mediocridade de sua inspiração.

Ubiratan Machado

nasceu em 1941 na cidade do Rio de Janeiro. Escritor, jornalista e tradutor. Antes de ingressar no jornalismo exerceu diversas profissões. Por obrigação profissional e/ou por prazer viajou por todo o Brasil, conhecendo todos os Estados e mais de 1200 cidades, e por uns quarenta países das Américas, Europa, Ásia e África. Doze livros publicados, entre os quais *Os Intelectuais e o Espiritismo; A Vida Literária no Brasil Durante o Romantismo; Machado de Assis, Roteiro da Consagração; A Etiqueta de Livros no Brasil* e *Bibliografia Machadiana 1959-2003*. Traduziu e prefaciou *Um Caso Tenebroso*, de Honoré de Balzac.

Em 2006 foi galardoado com a "Medalha João Ribeiro", concedida pela Academia Brasileira de Letras como homenagem às personalidades que se destacam no meio cultural.

Três vezes Machado de Assis de Ubiratan Machado foi editorado por GIORDANUS para ATELIÊ EDITORIAL e OFICINA DO LIVRO RUBENS BORBA DE MORAES em janeiro de 2007, São Paulo.